BEI GRIN MACHT SICH IHR WISSEN BEZAHLT

- Wir veröffentlichen Ihre Hausarbeit, Bachelor- und Masterarbeit

- Ihr eigenes eBook und Buch - weltweit in allen wichtigen Shops

- Verdienen Sie an jedem Verkauf

Jetzt bei www.GRIN.com hochladen und kostenlos publizieren

Bibliografische Information der Deutschen Nationalbibliothek:

Die Deutsche Bibliothek verzeichnet diese Publikation in der Deutschen National-
bibliografie; detaillierte bibliografische Daten sind im Internet über http://dnb.d-
nb.de/ abrufbar.

Impressum:

Copyright © 2009 GRIN Verlag, Open Publishing GmbH
Druck und Bindung: Books on Demand GmbH, Norderstedt Germany
ISBN: 978-3-656-54028-1

Dieses Buch bei GRIN:

http://www.grin.com/de/e-book/173767/sachtextanalyse-zu-jens-jessens-deutsch-
die-verkaufte-sprache-beurteilung

Christian Johannes von Rüden

Sachtextanalyse zu Jens Jessens "Deutsch - Die verkauf-
te Sprache". Beurteilung einer Aussage Jens Jessens

GRIN Verlag

Hanse-Kolleg Lippstadt

Abendgymnasium

Semester 6 – 16. März 2009

Leistungskurs Deutsch

Note: 2p

Sachtextanalyse zu Jens Jessens „Deutsch - Die verkaufte Sprache" mit anschließender Beurteilung einer Aussage Jens Jessens

(korrigierte Klausur)

von

Christian Johannes von Rüden

Aufgaben:

1. Analysieren Sie den Text „Deutsch – Die verkaufte Sprache" von Jens Jessen.

2. Beurteilen Sie anschließend vor dem Hintergrund Ihrer Kenntnisse in den Bereichen Sprachkritik und Medienkritik die Aussage Jessens: „Es liegt in der Macht jeden einzelnen Sprechers, die Zukunft des Deutschen zu gestalten."

Quelle:

Zeit Online (Hg.). Jessen, Jens (Autor). (2007). *Deutsch – Die verkaufte Sprache.* Abgerufen 18. Juni 2011, von:

http://www.zeit.de/2007/31/Deutsch-Aufmacher

1)

Der Text „Deutsch – Die verkaufte Sprache" ist ein, im fachwissenschaftlichen Stil gehaltener, Kommentar des Autors Jens Jessen. Er wurde am 26. Juli 2007 in der liberal-konservativen Wochenzeitschrift „Zeit", sowohl in Papierform als auch online veröffentlicht.

Jessen thematisiert in diesem Kommentar seine Haltung zum derzeitigen Umgang der Deutschen mit ihrer Sprache und geht insbesondere auf Entstehungsgründe und Beispiele der aus seiner Sicht problematischen Entwicklung, speziell bezüglich der Übernahme englischer Formulierungen, beim Sprachgebrauch ein, ohne jedoch weitreichende Lösungen anzubieten.

Er beteiligt sich somit, ähnlich wie Enzensberger, an der derzeitigen Diskussion über den Erhalt der deutschen Sprache, welche in ähnlicher Form bereits seit Jahrhunderten geführt wird.

Jessen grenzt sich zu Beginn seines Kommentars explizit von extrem konservativen Vertretern des „Sprachschutzes" ab, gibt aber anschließend sofort, anhand der Verwendung von, aus seiner Sicht negativen Beispielen, zu verstehen, dass es durchaus eine Berechtigung gibt, sich um die Sprache zu sorgen. (Z. 20-27)

Jessen benennt das Hauptproblem, indem er klarstellt, dass die „Aneignung" von fremdsprachlichen Begriffen zu „dekorativen Zwecken" vorgenommen wird und keinen tieferen Sinn verfolgt. (Z. 29-32)
Auch dies verdeutlicht er anhand eines Beispiels, des „Modernisierungsprozesses" der deutschen Bahn. (Z. 32-36)

Nach dieser, von Jessen ins Zentrum gerückten Problemdarstellung wendet sich der Autor im Exkurs dem historischen Werdegang des Deutschen als „Hybridsprache" zu und verdeutlicht anhand der Beispiele der Sprachveränderung durch Mönche im Mittelalter und später während der Zeit des Humanismus und der Reformation, dass die Eingliederung von Teilen fremder Sprachen durchaus vorteilhaft für die Entwicklung der deutschen Sprache sein kann. (Z. 39-50)

Jessen weitet anschließend seinen Gedankengang aus und zieht einen Vergleich des historischen zum gegenwärtigen Sprachgebrauch. Hierbei kontrastiert der Autor das negative „simplifizierende" Englisch, wie es heutzutage verwendet wird, von der eher wissenschaftlich eingegliederten Fremdsprache von damals. (Z. 52-61)

Jessen begründet die Dominanz des Englischen mit einem Faktenargument, indem er nicht nur die Eigenart des Deutschen als leicht veränderbar anspricht, was er als ein „Risiko" und „Ärgernis" einstuft (Z. 65-66), sondern darüber hinaus auch auf das scheinbar bestehende „Hauptärgernis" eingeht, nämlich, dass der deutsche Sprachraum eine zu kleine Bevölkerung umfasse und hieraus resultierend die deutsche Sprache, insbesondere von den Deutschen selbst, als nicht zukunftsweisend und „wettbewerbsfähig" eingestuft bzw. wahrgenommen wird. (Z. 65-80)

Jessen schließt seinen Kommentar ab, indem er an die „Zeit"-Leser appelliert, sich zu den Menschen zu zählen, die auch in ihrer Umgangssprache das Deutsche positiv verwenden und gestalten, um es dadurch zu pflegen und zu erhalten.

Wenn dies nicht geschähe, könne das Deutsche künftig nur noch als „tote Sprache der Neuzeit" weiterleben. (Z. 83-93)

Jessen wahrt in seinem Text einen ausgewogenen Stil von teils fachwissenschaftlicher, teils bürgerlich direkter Sprache, durchsetzt mit einigen „spritzigen" umgangssprachlichen Anteilen, besonders zu Beginn des Textes bei der Nennung der Beispiele. „Service Point", „Brain Up" oder „fake" zählen hierzu.

Der Autor geht besonders im Mittelteil des Artikels auf den historischen Kontext der Thematik ein und verknüpft die heute bestehende Situation anhand von Beispielen mit Beispielen der Vergangenheit. Hier wird insbesondere der ökonomische Drang zur „Modernisierung" durch den Gebrauch von Englisch in Werbung und Dienstleistung, anhand des Beispiels der deutschen Bahn, den historischen, wissenschaftsbezogenen Verwendungen in Mittelalter und Reformation gegenüber gestellt.

Auf zurückliegende Diskussionen zur Sprachpflege aus jüngerer Vergangenheit, um etwa Gemeinsamkeiten oder Unterschiede aufzuzeigen, z.b. zur Zeit der „68er" Generation stellt Jessen keinen näheren Bezug her.

Der Text ist informierend und aufklärend gehalten und gibt weitestgehend sachlich die Einstellung von Jens Jessen wieder, wobei auch einige emotional wertende Bestandteile zu erkennen sind:

„[...]dem man nicht im Dunkeln begegnen möchte." (Z. 21), „Die Überflutung" (Z. 29)

Gegen Ende soll der Kommentar eine zunehmend appellierende Wirkung erzielen und nimmt einen dramatisierenden Gestus an: „Es liegt bei uns [...] Es liegt in der Macht jeden einzelnen Sprechers" (Z. 83-84), „Das Deutsche wird nicht sterben, es sei denn die Deutschen wollen es" (Z.86-87)

Jessen veranschaulicht den eher dem gehobenen Bürgertum angehörenden Lesern der „Zeit" durch die Nutzung diverser sprachlicher Mittel seine Einschätzung zur Situation der deutschen Sprache.

Er verwendet eine Vielzahl von Adjektiven aus dem gepflegten Sprachgebrauch: „übellaunig" (Z. 20), „dekorativ" (Z. 31), anstelle von umgangssprachlichen Begriffen z.B. der Jugendsprache.

An passenden Stellen verfeinert er seinen Stil und verwendet Fachbegriffe, auch fremdsprachlichen Ursprungs, wie etwa: „Typus" (Z. 20), „Hybridsprache" (Z. 40), „conscientia" (Z. 44) oder „Partizipialkonstruktionen". (Z. 48)

Hierdurch erscheint Jessen dem Leser sehr kompetent im sprachwissenschaftlichen Bereich aber trotzdem im hohen Maße verständlich.

An einigen anderen Stellen wiederum verwendet Jessen bewusst Begriffe des, im deutschen Sprachgebrauch verbreiteten Englisch. Zum Einen von sich aus, den Lesern gegenüber, um klar zu stellen, dass auch er, bei vernünftiger Verwendung fremdsprachlicher Begriffe, nichts gegen eine sich weiterentwickelnde deutsche Sprache einzuwenden hat, wie z.B. „fake". (Z. 34)

Zum Anderen nutzt er Beispiele englischer Neologismen welche von Deutschen geschaffen wurden, gezielt, um deren „Sinnlosigkeit" hervorzuheben: „Service Point" an Bahnhöfen, „englisches Genitiv-Apostroph" in „Susi's Häkelstudio" oder das Motto „Brain Up" (Z. 24-27)

Besonders auffällig ist, dass Jessen bestimmte typische Redewendungen der deutschen Sprache in seinem Kommentar integriert, um seine Argumentation leicht verständlich zu untermauern: „dem man nicht im Dunklen begegnen möchte" (Z. 20-21), „welcher Teufel trieb" (Z. 25)

Ein weiteres Mittel, welches von Jessen verwendet wird, sind bildliche Vergleiche, die der Autor insbesondere nutzt, um den Lesern der „Zeit" die heutzutage weit verbreitete Sicht auf die deutsche Sprache zu verdeutlichen: „das Deutsche wie eine überholte Technologie" (Z. 75-76), „unterscheidet marodes Deutsch etwa von einem maroden Kernkraftwerk" (Z. 84-85) oder „die nicht nur Fluten fremder Wörter" (Z. 40-41)

Um seinen Appell am Ende des Kommentars stärkeren Ausdruck zu verleihen, nutzt Jessen Parallelismen, die auf die Einflussmöglichkeit jedes Einzelnen hinweisen: „Es liegt bei uns [...] Es liegt in der Macht" (Z. 83)

Auf der Satzebene benutzt Jessen entsprechend seinem „hochwertigen" Schreibstil besonders im sprachwissenschaftlich geprägten Mittelteil des Textes ausführliche Hypotaxen, während er im etwas wertender geprägten, einleitenden Teil und im appellativen Schlussteil häufiger auf Parataxen zurück greift, um den Lesern relevante Punkte ohne Umschweife zu verdeutlichen.

Ein Beispiel hierfür sind die von ihm ebenfalls verwendeten rhetorischen Fragen: „Warum ist auf Bahnhöfen [...]?" , „Welcher Teufel trieb [...]?" (Z. 23-27)

Am Schluss seines Kommentars eröffnet sich für Jessen als Lösung des Problems nur der Wille der Deutschen, ihre Sprache lebendig zu erhalten. Die Deutschen sollen auf ihren Sprachgebrauch achten und ihn pflegen und „gestalten". Halten die Deutschen dies ein, so Jessen „wird das Deutsche nicht sterben"

Als einzige Alternative sieht Jessen nur die Möglichkeit, das Deutsche als tote Sprache der Philosophen, Dichter und Gelehrten in Fachkreisen weiter verwenden zu können. Aber eben diese Größe der „Hochsprache" und ihrer Gestalter sollte den Ausschlag geben, warum es nicht zum „Tod des Deutschen" kommen dürfe.

2)

Die Aussage Jessens: „Es liegt in der Macht jeden einzelnen Sprechers, die Zukunft des Deutschen zu gestalten." ist eine realistische Ansichtsweise, da, wie auch Enzensberger behauptet, die Sprache ein „lebendiger" Bestandteil der Kultur ist und sich nicht kontrollieren lässt.

Die einzige andere Möglichkeit besteht also darin, Sprache in die eine oder andere Richtung zu „lenken" und zu „formen".

Was Jessen jedoch verschweigt, sind die Möglichkeiten und Wahrscheinlichkeiten, welche ein durchschnittlicher „Zeit"-Leser als potentieller Oppositioneller beispielsweise der angesprochenen Wirtschaft, mit ihren ökonomischen Interessen, gegenüber haben kann.

Letztlich erreicht ein weltweit operierendes Unternehmen, wie etwa Ford, über seine Werbekampagnen wesentlich mehr und insbesondere jüngere Menschen als dies ein Durchschnittsbürger jemals schaffen könnte.

Nichtsdestotrotz könnte auch der Dialog zwischen Einzelpersonen mit unterschiedlicher Auffassung letztlich der „Tropfen auf dem heißen Stein" sein, um die deutsche Sprache lebendig zu halten und sie nicht ihrem „Tod" preiszugeben.

Gegenüber den strikt konservativen Vertretern der Sprachkritiker nimmt Jessen eine sehr fortschrittliche, weltoffene und dialogbereite Haltung ein, ähnlich wie Enzensberger. Vielleicht, weil er sich in diesem Lager auch das größte Engagement erhofft. Im Gegensatz zu Enzensberger fasst er sich jedoch sachlicher und weniger überspitzt.

Die vorgenannte Aussage Jessens, entspricht dem Eindruck, den man von ihm bekommt, denn sie ist zwar auf der einen Seite bedeutungsschwer ohne aber auf der anderen Seite ins Extreme, fast schon ins Lächerliche abzudriften, wie dies bei Enzensberger zum Teil der Fall zu sein scheint.